1
Salon Moderne
Sophie Gimbel
1
Salon Moderne
Sophie Gimbel
2

Pauline Trigere

Salon Moderne
Sophie Gimbel

Chanel

3
3
3
Chanel
Salon Moderne
Sophie Gimbel
2
2
Salon Moderne
Sophie Gimbel

Emilio Pucci
Norman Norell
Salon Moderne Sophie Gimbel
1

3
Pauline Trigere
3
2
Helen Rose
3
2
Nolan Miller

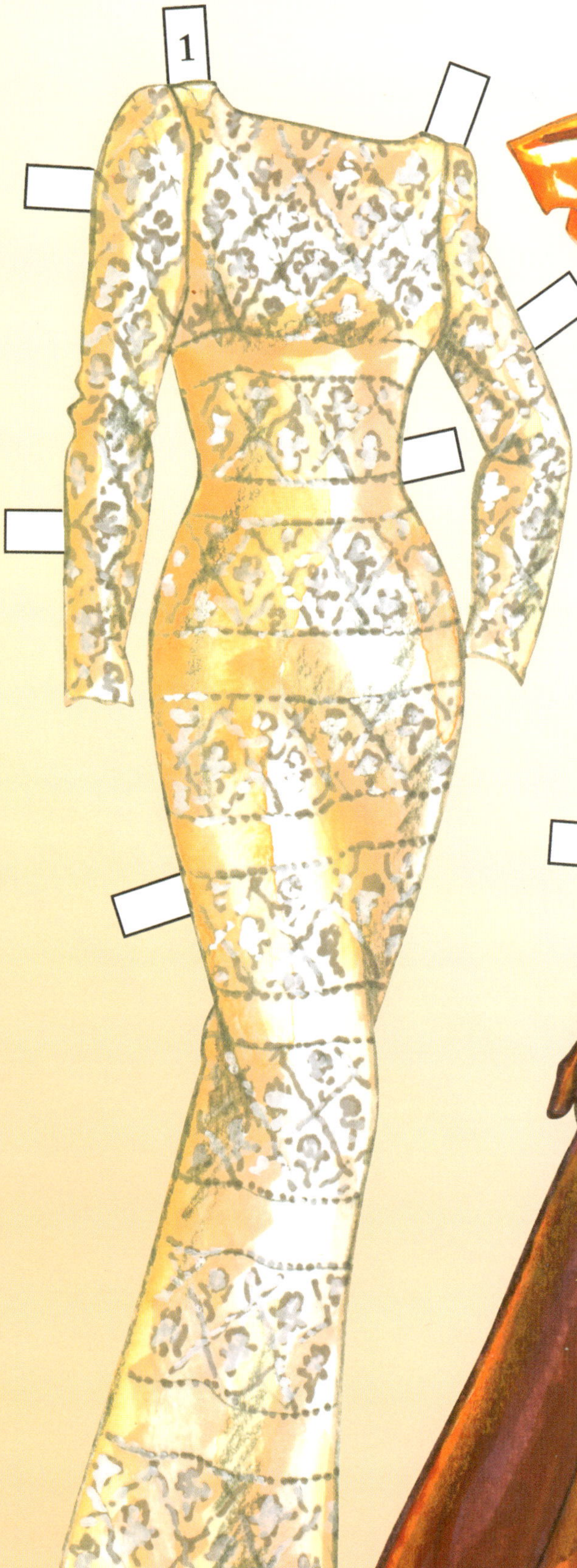

Salon Moderne
Sophie Gimbel

Salon Moderne
Sophie Gimbel

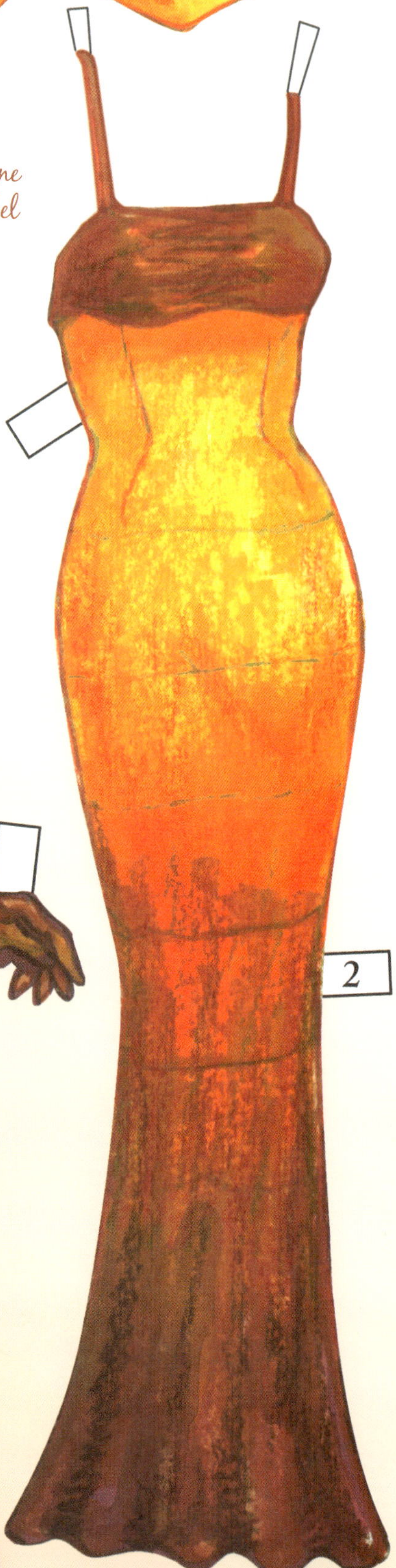

Valentino
3
1
Galanos
1
3
Traina-Norell
1

1
Galanos
3
Bob Mackie